OBSERVATIONS

SOUMISES

A LA

CHAMBRE DES PAIRS.

OBSERVATIONS

SOUMISES

A LA

CHAMBRE DES PAIRS,

PAR UN VIEILLARD
AMI DE LA CHARTE.

PARIS.

TYPOGRAPHIE DE J. PINARD,

IMPRIMEUR DU ROI,

RUE D'ANJOU-DAUPHINE, N° 8.

1829.

OBSERVATIONS

SOUMISES

A LA

CHAMBRE DES PAIRS,

PAR UN VIEILLARD

AMI DE LA CHARTE.

Quoique l'âge avancé ait été long-temps considéré comme le dépositaire de l'expérience, ce guide est dédaigné aujourd'hui ; on croit que les lumières du siècle suffisent à tout, et que les leçons de l'expérience sont inutiles aux progrès de la civilisation.

Je n'aurai pas à combattre cette dangereuse prévention, en m'adressant à cette réunion de tous les âges, où ceux qui touchent au terme de leur carrière politique la voient parcourir avec tant de succès par ceux qui sont au milieu, et avec de si heureuses dispositions par ceux qui la commencent.

L'expérience des premiers est, quoi qu'on en dise, d'autant plus dégagée de préjugés, qu'ils ont eu à combattre tous ceux que les différens systèmes de gouvernement essayés en France ont dû faire éclore.

Ils ont vu le commencement de nos troubles civils; ils savent que les États-Généraux assemblés pour réformer quelques abus n'ont réussi qu'à affaiblir le pouvoir royal, et à le réduire, par la perte de toutes ses garanties, à l'impuissance de défendre la constitution imposée à la France par l'Assemblée nationale, et de défendre sa propre existence.

Ils savent qu'alors le combat n'était qu'entre les partisans de l'ancienne constitution, et ceux qui voulaient la modifier, en y adaptant les formes constitutionnelles du gouvernement anglais.

Le rêve de la république était dans peu de têtes, et ce fantôme ne nous est apparu que pour nous faire connaître les excès qu'il traîne à sa suite, et l'incompatibilité d'un tel régime avec nos mœurs, essentiellement monarchiques : le gouvernement qui détrôna l'anarchie l'a bien prouvé. Si, en s'établissant, il a affecté les formes représentatives, il est parvenu sans peine et presque sans efforts à les détruire, à vaincre les résistances, et à établir un despotisme, nécessaire sans doute dans les vues de la Providence, pour nous ramener à un meilleur état de choses.

Ce meilleur état de choses ne pouvait se trouver que dans le triomphe de la légitimité; dans le rétablissement de cette dynastie qui a fait si long-temps la gloire et le bonheur de la France ; de cette dynastie dont un rejeton de sainte et douloureuse mémoire, pour prévenir le bouleversement de l'ordre social, fit volontairement à la nation, qui n'osait encore l'exiger, l'abandon des prérogatives attachées à la couronne que lui avaient transmise ses aïeux.

Si les patriotiques intentions de ce prince pieux ont été si cruellement démenties par les effets, on ne peut l'attribuer qu'aux agitations causées par ces fallacieuses théories, par ces décevans systèmes, enfans de l'ambition et de l'orgueil, et dont le produit net a été l'échafaud pour les riches, et la famine pour les pauvres.

Mais, sans nous arrêter plus long-temps à ces désolans souvenirs, portons nos regards sur le digne successeur de Louis XVI, et voyons-le reparaissant au milieu de nous, après plus de vingt ans d'exil, avec cette Charte, nouvelle arche d'alliance, auguste transaction entre le passé et le présent, qui devait enfin mettre un terme à nos funestes dissensions.

Quel est, j'ose le demander, le Français qui a plus fait que ces deux souverains, pour le bonheur et la tranquillité de la patrie ? Serait-t-il possible que leurs généreux sacrifices fussent toujours perdus, et que cette Charte, donnée et reçue comme la branche de l'olivier, fût transformée en pomme de discorde ; qu'elle ne servit que d'arsenal, où chacun irait prendre des armes, en apparence pour la défendre et peut-être en effet pour l'anéantir ? car les divisions dont elle est le prétexte peuvent tourner au profit de ses ennemis. Les uns peuvent méconnaître la bonté du gouvernement représentatif, et les autres prétendre que les Français ne sont pas dignes d'en jouir.

Nous n'avons pas heureusement à craindre des suites aussi funestes, des agitations que l'on excite aujourd'hui, que celles qui suivirent la déclaration de Louis XVI. Celles-ci produisirent la Convention, l'anarchie, et le despotisme : celles d'aujourd'hui se concentrent et meurent dans l'esprit de ceux qui les provoquent ; les masses en font justice par leur silence, et par cette raison publique qui se trouve bien plus chez elles que chez ceux qui se l'attribuent à leur exclusion. Ce que le peuple a le mieux retenu des leçons de la révolution, c'est que l'insurrection, proclamée par elle comme le plus saint des devoirs, a été pour lui la source de tous les malheurs.

On se souvient que l'affaiblissement progressif du pouvoir royal n'a produit nos anciens désastres, que parce que ce pouvoir, n'étant pas défini, a ouvert la porte au délire des systèmes et des utopies.

Mais aujourd'hui les prérogatives de la royauté, attaquées autrefois jusqu'à l'effusion du sang le plus pur, sont devenues inébranlables par la consécration qu'elles ont reçue de la Charte : « Le Roi, chef

« suprême de l'état, dispose en cette qualité de tous
« les emplois de l'administration publique, fait les
« réglemens et ordonnances nécessaires pour l'exé-
« cution des lois et la sûreté de l'état. »

D'après cette disposition formelle de la Charte,
il n'y a rien à faire que de laisser le Roi nommer à
tous les emplois *quelconques* de l'administration,
faire les réglemens et les ordonnances nécessaires
pour l'exécution des lois, et enfin les réglemens et
les ordonnances nécessaires pour la sûreté de l'état.

Si l'on cherche à introduire dans le domaine de
la législation ce qui doit demeurer sous le régime
administratif; si l'on dispose des emplois laissés à la
nomination du Roi, s'il y a des Français qui le soient
assez peu pour provoquer à l'envahissement, par la
loi, des prérogatives constitutionnelles de la couronne; si enfin les questions fondamentales de l'ordre
social sont sans cesse livrées à la polémique parle-
mentaire, ne peut-on pas y trouver de justes sujets
d'alarmes?

Le despotisme s'en inquiéterait peu sans doute;
il fomenterait peut-être ces attaques contre sa puissance, afin d'avoir un prétexte pour l'agrandir encore.

Si ces calculs de la tyrannie sont odieux à une autorité toute bienveillante, il faut donc lui laisser les
moyens de prévenir la nécessité d'y jamais recourir.

La longanimité doit être sans doute la principale
vertu d'un souverain; mais la plus sublime abnéga-

tion de soi-même a eu le plus déplorable résultat, et loin d'être utile à la France, c'est par elle que la France a perdu pendant long-temps le bonheur et la liberté. Elle les a retrouvés par la Charte. Cette concession d'une haute sagesse peut sans doute participer à l'imperfection attachée aux choses de ce monde. Mais la disposition actuelle des esprits, encore trop préoccupés du passé, permettrait-t-elle d'entreprendre avec succès le grand œuvre de son perfectionnement, et la prudence ne conseille-t-elle pas de laisser au temps le soin de l'accomplir?

La Charte est une conception toute paternelle, digne d'un successeur de Louis XII, d'Henri IV et de Louis XVI. Louis XVIII a reconnu que le gouvernement constitutionnel, depuis long-temps réclamé par le vœu des Français, était celui qui pouvait le mieux remédier à l'instabilité des choses humaines, et assurer au peuple une sage liberté en établissant, d'une manière claire, la délimitation des pouvoirs. La royauté, conservant seule et sans partage l'autorité administrative et le choix de ses agens, et exerçant une salutaire influence sur la législation, peut, si elle n'est pas attaquée dans cette haute prérogative, assurer la paix de l'État et le bonheur du peuple; mais la liberté serait perdue si la royauté concentrait en elle toute l'autorité exécutive, et le pouvoir de faire les lois, dont l'influence s'étend sur toute la durée de l'existence des nations.

Cette paix et ce bonheur publics seraient également compromis, si une des branches du pouvoir législatif mettait des entraves à l'exercice de l'autorité administrative.

Lorsque la tempête menace, est-il sage d'empêcher le pilote d'en prévenir les effets? est-il politique de les assumer sur soi? est-il juste d'en rendre responsable celui dont on a paralysé l'action préservatrice?

Combien ne serait-il pas heureux que le pilote pût, non seulement conjurer les efforts de la tempête, mais en écarter les approches! Louis XVI l'a tenté : le pilote et l'équipage ont péri, le vaisseau seul est sauvé : l'exposerons-nous encore?

On a dit, dans une circonstance solennelle, que, sous un gouvernement juste et ferme, toutes les constitutions étaient bonnes ; mais que la meilleure ne résistait ni au despotisme ni à l'anarchie. Le gouvernement qui offre le plus de moyens d'échapper à l'un ou à l'autre de ces excès, c'est le constitutionnel. Dans ce gouvernement, les trois branches du pouvoir législatif ont une égale part à son action. Si l'une d'elles tendait à l'exercer exclusivement, les deux autres pourraient l'arrêter par la seule force d'inertie.

Le pouvoir législatif, pris collectivement, se défend par son organisation même ; sans aucun doute, les lois soumises à sa sanction peuvent être critiquées : l'intérêt public l'exige, les législateurs même doivent le désirer ; mais cette critique ne peut être relative qu'à la loi elle-même, et ne doit contribuer qu'à l'améliorer, sans attaquer les personnes ou exciter l'agitation. La loi une fois adoptée, chacun doit s'y soumettre et l'exécuter sans murmure.

Dira-t-on : les deux branches parlementaires du pouvoir législatif ne se feront point la guerre ; mais l'autorité qui, au privilége de proposer là loi, unit celui de la faire exécuter, qui, sous le titre de chef suprême de l'État, exerce l'énorme pouvoir que lui donne l'article 14 de la Charte, cette autorité pourra envahir les attributions de tous les autres pouvoirs.

Elle le pourrait sans doute en employant les forces que la loi met à sa disposition ; cependant ces forces ne peuvent passer en d'autres mains sans changer le gouvernement, et en quelques mains qu'elles se trouvent, le même abus pourra en être fait ; le seul remède est dans le vote de l'impôt, et quelque modifié qu'il soit, il fournirait toujours plus de moyens de favoriser l'autorité administrative, que la pacifique armée de ses employés. Qu'en peut craindre la liberté, puisqu'ils ne sont mis à la disposition du pouvoir exécutif qu'en exécution des lois consenties par la puissance législative ?

Ainsi le pouvoir législatif se défend par lui-même ; il est inattaquable.

Il n'en est point ainsi du pouvoir exécutif : la disposition même des emplois, qui lui appartient sans partage, ne lui permettant de satisfaire qu'un petit nombre d'ambitions, lui fait bien plus d'ennemis que de partisans.

Les réglemens, qu'il fait dans l'intérêt de tous, lui créent autant d'adversaires qu'ils froissent d'intérêts privés. La presse est toujours ouverte aux mécontens; elle répand avec profusion leurs plaintes dans tout le royaume; elle censure les agens du pouvoir avec une aigreur propre à les décourager, avec une fausse apparence de respect pour l'autorité, précaution perfide qui tendrait plus à la déconsidérer, si cela était possible, qu'à inspirer en elle une confiance si nécessaire au maintien de l'harmonie sociale.

Telle est la position constante du pouvoir exécutif, dans l'intervalle des sessions.

Il faut convenir qu'un pareil état de choses suffirait pour décrier le système représentatif, si l'on ne trouvait pas en lui-même le moyen d'y remédier.

Aussi y a-t-il des gens assez ennemis de la dignité de l'homme, pour désirer qu'une nouvelle usurpation vienne nous imposer un tranquille esclavage; et d'autres qui appellent sourdement la république, source intarissable d'agitation, fantôme d'une décevante liberté; d'autres enfin, éclairés à un plus haut degré encore par les lumières du siècle, vont chercher, dans la patrie de Washington, des leçons plus propres à former la France rajeunie, que celles que les premiers amans de la liberté puisèrent jadis dans la vieille patrie des Lancastre, afin, sans doute, que la civilisation avance, par un progrès uniforme , dans toutes les nations , quelles que soient les différences que les institutions et les mœurs aient établies entre elles.

Cependant cette incorrigible France revient toujours à ses vieux préjugés. Victime des théories qui l'ont conduite, par une voie de sang , de l'anarchie au despotisme , elle s'est replacée sous le joug salutaire de la religion et sous l'autorité de son Roi, autorité paternelle parce qu'elle est légitime.

La confiance de la nation n'a pas été vaine; il ne suffisait pas à Louis XVIII de reprendre l'exercice de son pouvoir; il a voulu l'assurer en associant la nation elle-même à la confection des lois sur lesquelles repose la félicité des peuples ; mais il a voulu aussi assurer leur tranquillité , en se réservant le pouvoir exécutif sans partage.

La France jouit de l'une et de l'autre depuis quinze ans. Si elle a attristé l'Europe par ses troubles civils , si elle l'a effrayée par son ambition , la sagesse de ses rois lui a mérité la confiance de ses voisins, et consolidé la paix au dehors. Il serait triste de penser que cette sagesse n'eût pas réussi à mettre un terme à nos dissensions, ou que les Français n'eussent pas assez profité de ses leçons pour supporter l'usage du gouvernement constitutionnel.

Il dépendra de la noble Chambre à laquelle j'adresse ces réflexions, et de chaque branche du pouvoir législatif, de réfuter cette fâcheuse croyance; et je ne pense pas, quoi qu'on en ait dit , que la Chambre des Pairs n'ait pas le moyen d'atteindre au but de son institution.

Je suis affligé qu'un honorable député , dont je respecte la personne autant que j'apprécie son talent, ait représenté la Pairie comme dénuée de toutes les forces dont l'exercice serait nécessaire à l'accomplissement de sa vocation constitutionnelle.

Bien que cette Chambre ne soit pas aujourd'hui ce qu'elle deviendra , déjà sa composition est telle qu'elle doit lui assurer la confiance des Français, puisqu'on y trouve des noms illustres dans les fastes de notre antique monarchie , des illustrations plus récentes acquises par une grande gloire militaire, ou par d'importans services rendus à l'État ; des notabilités consacrées par la culture des sciences, des lettres , des arts , et par l'exercice de professions plus ennoblies encore par la délicatesse avec laquelle elles ont été remplies , que par leur influence sur le bien public. Ainsi , tous les intérêts de la société sont représentés dans la Chambre des Pairs ; ils y sont défendus sans aucun retour sur soi-même , et sans besoin de chercher la popularité, conquête dangereuse qu'on n'obtient souvent qu'aux dépens du peuple lui-même ; ils y sont défendus encore sans flatterie servile pour l'autorité souveraine, dont cette Chambre est indépendante, mais qu'elle doit respecter et défendre.

L'honorable député ne voit dans cette Chambre

qu'une autorité précaire qui tire toute sa force du trône. Mais quelle est en France l'autorité qui ne tire pas sa force d'un principe si pur, et qui ne doive le défendre avec le même zèle que les libertés publiques qui en découlent aussi ?

Il suffit à la Chambre des Pairs, pour remplir cette noble tâche, qu'elle en ait le privilége : les avantages extrinsèques qui peuvent manquer à ses membres seront compensés par la sagesse et la fermeté avec lesquelles elle tiendra la balance; mais il ne suffit pas, pour en maintenir l'équilibre, de ne point surcharger un des bassins aux dépens de l'autre : il faut aussi ne pas souffrir que l'on enlève rien aux poids que la Charte a placés dans chacun d'eux.

Telle est, nobles Pairs, la fonction qui vous est dévolue, et que votre position intermédiaire, votre intérêt, votre amour pour la patrie et le Roi, vous feront remplir avec zèle. Quoi que l'on ait pu dire, songez que cette position est d'autant plus élevée que, la révolution française s'étant étendue sur les deux hémisphères, le monde a les yeux fixés sur la France, et par conséquent sur vous, auxquels la Charte a attribué une si haute influence sur les destinées de l'empire.

TYPOGRAPHIE DE J. PINARD, IMPRIMEUR DU ROI,

RUE D'ANJOU-DAUPHINE, N° 8.

www.ingramcontent.com/pod-product-compliance
Lightning Source LLC
Chambersburg PA
CBHW050815070726
47595CB00015B/3949